DESCRIPTION

DE

LA COLONNE

ET DE LA

NOUVELLE STATUE DE NAPOLÉON

A LA PLACE VENDOME.

CONTENANT

L'explication générale des cordons qui entourent la Colonne, ainsi que des Bas-reliefs. — Précis historique sur les Victoires des armées françaises commandées par Napoléon, dans la campagne de 1805.

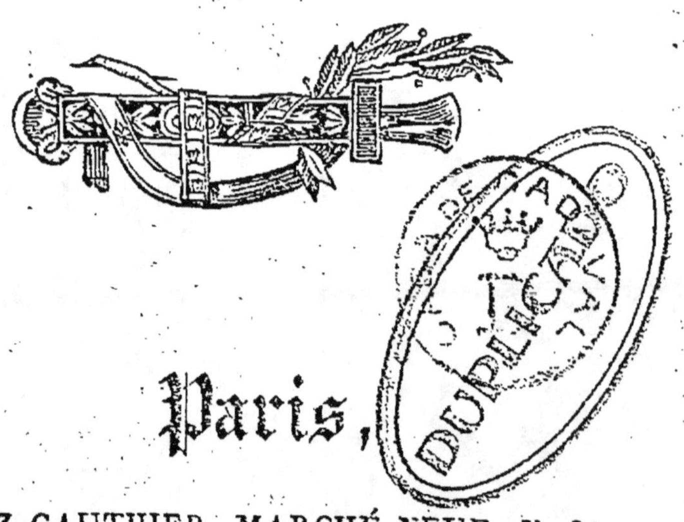

Paris,

CHEZ GAUTHIER, MARCHÉ-NEUF, N° 34.

1834.

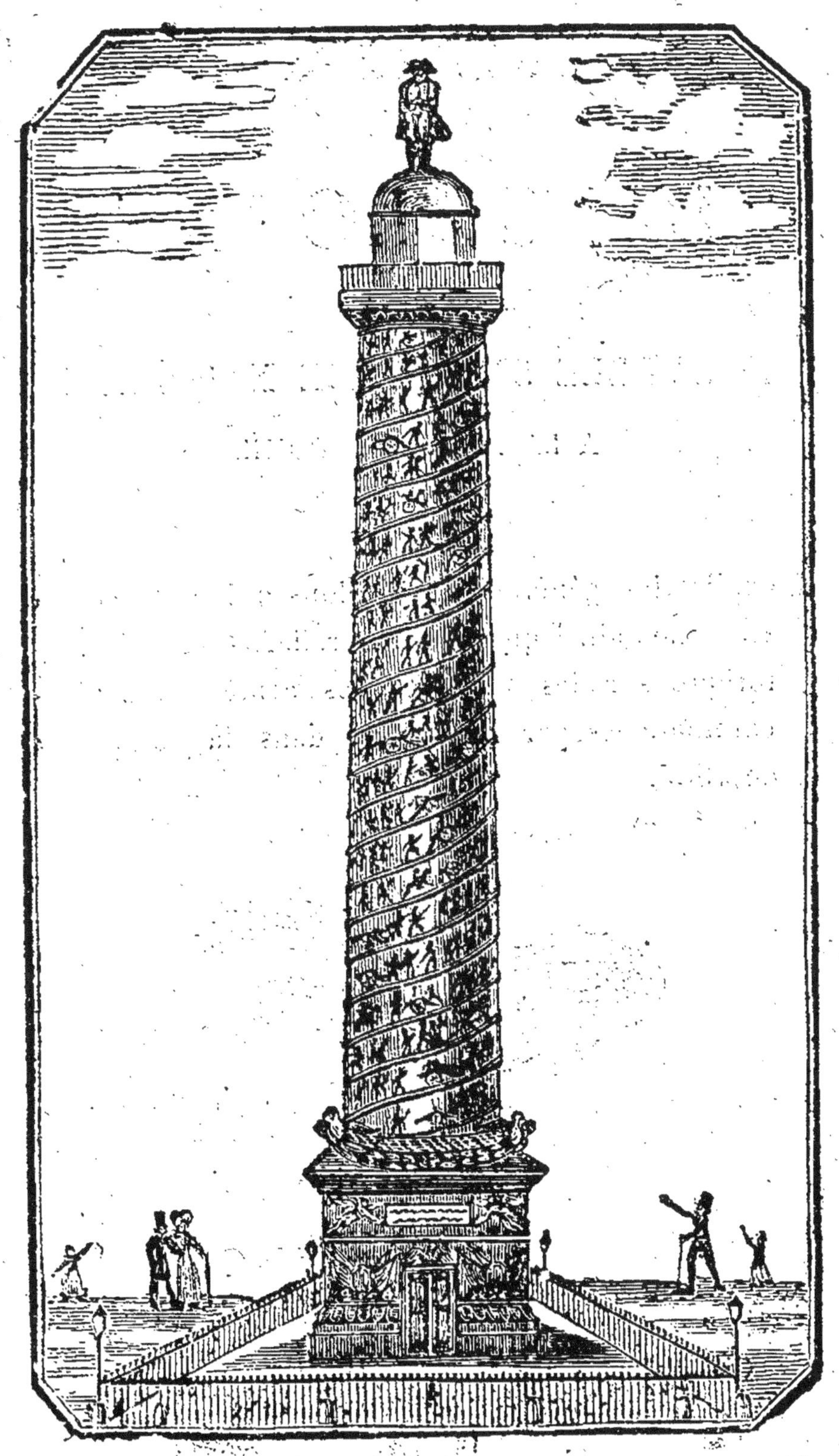

NAPOLÉON SUR LA COLONNE.

DESCRIPTION

DE

LA COLONNE

ET DE LA

NOUVELLE STATUE DE NAPOLÉON

A LA PLACE VENDOME.

On a commencé à ériger en 1806, à la gloire de nos armées victorieuses en Allemagne, une Colonne triomphale terminée en 1810. Sa hauteur a cent trente-trois pieds, son diamètre en a douze.

Comme la Colonne Trajane qui lui a servi de modèle, son fût est entièrement revêtu de bas-reliefs en bronze ; ceux-ci sont formés de l'airain des canons pris sur les armées russe et autrichienne, pendant la courte et glorieuse campagre de 1805. La hauteur du stylobate est de vingt-deux pieds environ, sur dix-huit à vingt de largeur ; il est entièrement garni de bas-reliefs.

Ces bas-reliefs se composent de trophées représentant des canons, mortiers, obusiers, couleuvrines, boulets, fusils, baïonnettes, mousquetons, carabines, pistolets, lances, sabres, épées, drapeaux, étendards, guidons, bannières, timbales, trompettes, tambours, baguettes, chapeaux, casques, schakos, schapski, colbacs, bonnets de grenadiers, casquettes, et habillemens d'officiers-généraux, supérieurs et particuliers, russes et autrichiens.

A chaque angle du piédestal et au-dessous de la corniche qui est ornée de quatre guirlandes de chêne, se trouve un aigle pesant cinq cents livres.

Le marche-pied, en marbre blanc de la plus grande beauté, est formé de trois gradins, ayant chacun quatre pouces et demi de hauteur.

La porte de l'entrée intérieure de la Colonne est en bronze massif; elle est divisée en deux battans; chaque battant a sept pieds de hauteur, vingt-deux pouces de largeur, et est décoré de cinq couronnes de chêne, surmontées d'un aigle du plus grand fini; au-dessus de la porte se trouve une plaque unie, soutenue par deux Renommées qui soutiennent un cartouche, où on lit l'inscription suivante :

NEAPOLIO. IMP. AUG.

MONUMENTUM BELLI GERMANICI,

ANNO MDCCCV.

TRIMESTRI SPATIO DUCTU SUO PROFLIGAT

EX ÆRE CAPTO

GLORIÆ EXERCITUS MAXIMI DICAVIT.

Traduction.

Napoléon, Empereur auguste, a dédié à la gloire de la grande armée ce monument fait avec l'airain conquis sur l'ennemi, pendant la guerre d'Allemagne, qui, sous son commandement, fut terminée dans l'espace de trois mois.

La fondation de la Colonne a trente pieds de profondeur; elle est assise sur le pilotis de l'ancien monument.

Ici on a placé vingt médailles en argent dans une boîte de plomb.

La grille qui entoure le monument, haute de quatre pieds et demi, a quarante-trois pieds sur chaque face, ce qui lui donne cent soixante-douze pieds de circonférence : elle est formée de quatre cents piques, et défendue par seize bornes de granit, et de quatre candélabres, éclairant par le gaz. Cette grille, chef-d'œuvre de l'art pour l'exécution et le fini, fait l'admiration des connaisseurs.

A partir du fût de la Colonne commence la suite des bas-reliefs qui retracent, dans un ordre chronologique, les principales actions de la campagne de 1805, depuis le départ des troupes du camp de Boulogne, jusqu'à la conclusion de la paix, après la bataille d'Austerlitz. Ces bas-reliefs, qui se déroulent en huit cent quarante pieds, et mille d'étendue, disposés à monter en spirale, sont rangés par plaques d'environ trois pieds de large sur trois pieds huit pouces de hauteur. Ces plaques, au nombre de quatre cent vingt-cinq, qui se joignent les unes aux autres d'une manière irrégulière, suivant la disposition des figures, portent deux pouces d'épaisseur dans leur plus forte portée, six lignes dans la moindre, s'adaptent au corps solide de la Colonne, par le moyen d'épaulemens forés ménagés dans la fonte au revers des plaques, et y sont fixées, par des boulons et 1120 agrafes qui entrent dans les travers également forés et scellés dans la maçonnerie. Un cordon ou jarretière spirale sépare chaque rang de bas-reliefs, et porte l'inscription de l'action qu'ils représentent dans l'ordre suivant, à partir de la gauche de la Colonne, et en tournant sur la droite. Chaque cordon, au nombre de vingt-deux, porte trois pieds de hauteur.

Le 24 août 1805, levée du camp de Boulogne. Le premier cordon sur la droite représente la marche des armées françaises sur le Rhin. La première plaque commence en pointe et représente la mer à l'horizon ; partant ensuite de zéro de hauteur, elle prend la figure d'un triangle allongé, représentant d'abord de petites vagues, puis de plus fortes, et enfin la flottille de Dunkerque.

Les 2° et 3° cordons représentent le passage du Rhin, sur différens points, par les troupes françaises, sous les ordres des maréchaux Soult, Davoust, Ney, et Lannes, et des généraux Loison, Marmont, Dupont, Oudinot, Walther, Legrand, Vandamme, Saint-Hilaire, Friant, Gudin et Bourcier. On voit des soldats de toutes armes.

La plaque de la gauche du 2° cordon représente Napoléon qui fait un discours au sénat, et une proclamation à l'armée ; en tournant un peu sur la gauche, un dragon reçoit la croix de la Légion-d'Honneur.

Le 4ᵉ cordon représente l'entrevue de Napoléon et du roi de Wurtemberg, à Ludwisbourg, le 2 octobre.

En tournant sur la droite, on y voit l'entrée des troupes françaises en Bavière, et Napoléon recevant les députations de cet électorat.

La plaque 16 représente le jeune Dubois, célèbre joueur de flûte en cristal. Il se trouve à la tête de son corps, et ainsi de suite jusqu'à son retour dans la capitale.

Le 17 septembre, le 1ᵉʳ corps parti de Hanovre, se dirige sur le Mein; le maréchal Bernadotte est à cheval sur le milieu du pont; il est précédé des grenadiers et chasseurs d'infanterie de ligne.

Le 25, le 2ᵉ corps part pour la Hollande, passe le Rhin à Mayence. On a choisi l'instant où l'avant-garde exécute ce passage.

Le 26, passage du Rhin à Manheim, sous le commandement du général Friant; ce trajet est caractérisé par un certain nombre de bateaux où sont embarqués des soldats de toutes armes. Le maréchal est à cheval; à la naissance du pont, on voit la figure du général Vandamme, commandant la division de ce corps.

Passage du Rhin, sous les ordres du maréchal Lannes et des généraux Nansouty, d'Haupoult, Klein et Walther. On représente un convoi de train d'artillerie que conduisent des militaires et quelques paysans.

Le 1ᵉʳ octobre, l'Electeur de Bade vient recevoir Napoléon à Etellinger.

Le 2, l'Electeur de Wurtemberg vient recevoir Napoléon à Louisbourg; on ne peut se méprendre sur la figure de l'Electeur.

Le 6, prise du pont de Donawert par le général Vandamme. Le régiment de Colloredo, qui défendait ce pont, eut soixante hommes tués et cent cinquante faits prisonniers.

Le 7, prise du pont de Lech, par le général Walther. Le colonel Wathier à la tête de deux cents dragons du 4e régiment, traverse cette rivière à la nage;
dans cette action, un dragon nommé Marante, sauva
la vie à son capitaine qui était tombé dans la rivière.
Napoléon, en lui remettant la croix de la Légion-
d'Honneur, le nomma maréchal-des-logis.

Le 8, combat de Wertingen, et prise d'une division
ennemie. Le colonel Arrighi chargea avec son régiment, et eut deux chevaux tués sous lui; le colonel
Beaumont fit un capitaine de cuirassiers prisonnier
après avoir tué plusieurs cavaliers ennemis; le colonel Maupetit, blessé dangereusement en chargeant
l'ennemi, ne fit entendre que des cris de victoire. Le
chef d'escadron Excelmans, chargé de remettre à
Napoléon les drapeaux pris à l'ennemi pendant la
journée, reçoit en échange la croix d'officier de la
Légion-d'Honneur. Les Autrichiens perdirent dans
cette affaire toute leur artillerie, et quatre mille prisonniers, dont soixante-huit officiers.

On voit le maréchal Murat chargé, et le colonel
Maupetit blessé.

Le 9, entrée des Français à Augsbourg, sous le
commandement du maréchal Soult. Les habitans
furent frappés de stupeur lors de l'entrée d'un ba-
taillon de la garde, dont les quatre-vingts qui mar-
chaient en tête portaient chacun un drapeau pris sur
l'ennemi.

Ledit jour, passage du Danube à Neubourg, par
les trois divisions formant le corps du maréchal Davoust. On remarque à cheval, à la tête du pont,
Napoléon qui commande le passage à ses troupes.

On a caractérisé cette action par des soldats trans-
portant des charpentes en tête du pont, tandis que
d'autres tirent sur les batteries ennemies, et se pré-
cipitent la baïonnette en avant.

Le 10, combat de Guntzbourg. Le pont fut emporté
de vive force par le 59e régiment de ligne, qui perdit
dans cette action son colonel, le brave Gérard La-

cuée, officier de la plus grande espérance : deux mille cinq cents hommes tués, douze cents prisonniers, parmi lesquels s'est trouvé le général d'Aspre, et six pièces de canon, furent le résultat de la journée.

Le 11, affaire de Landsberg. Le 26ᵉ régiment de chasseurs à cheval, chargea l'ennemi avec tant d'impétuosité, qu'il se dispersa en abandonnant trois officiers, cent vingt cuirassiers, et deux pièces de canon, qui restèrent au pouvoir des assaillans.

Le même jour, six mille Français cernés à Albeck, par vingt-cinq mille ennemis, les battent et font quinze cents prisonniers; cette action se trouve indiquée par la disposition des troupes; c'est ainsi que l'on a figuré des fantassins tirant sur plusieurs rangs, tandis que d'autres rechargent leurs armes.

Le 12, entrée à Munich du maréchal Bernadotte, lequel fit huit cents prisonniers.

Le même jour, affaire d'Albeck. La division du général Dupont, composée des 4ᵉ, 9ᵉ d'infanterie légère, 32ᵉ, 69ᵉ et 96ᵉ de ligne, formant en tout six mille hommes, résista aux vingt-cinq mille qui lui étaient opposés, et fit douze cents prisonniers. Le général Dupont manœuvra habilement, et le colonel Barrois du 96ᵉ, se distingua dans cette affaire, pour laquelle il fut nommé commandant de la Légion-d'Honneur.

Le 13, le maréchal Soult prend une division ennemie dans Memmingen; les généraux ennemis capitulent. Un trompette placé au haut des créneaux annonce la suspension du siége.

Le 14, prise du pont et de la position d'Elchingen, défendus par trente mille hommes. Le maréchal Ney, qui l'attaqua avec le 69ᵉ de ligne, se fit soutenir par le 76ᵉ de ligne, le 18ᵉ de dragons et le 10ᵉ de chasseurs; l'ennemi perdit dans cette affaire quelques pièces d'artillerie, et trois mille hommes faits prisonniers. Ce fut cette brillante affaire qui valut au maréchal Ney le titre de duc d'Elchingen.

Le même jour, prise de Memmingen par le maréchal Soult. La capitulation de cette ville fit tomber en notre pouvoir dix pièces de canon, un grand nombre de bagage et de munitions de toute espèce, ainsi qu'un major-général, trois colonels, plusieurs officiers supérieurs et six mille prisonniers.

Le même jour, l'infanterie passe le pont d'Elchingen sous le feu de l'ennemi : on représente des soldats qu'un sous-officier fait placer dans la mêlée.

Le même jour, attaque des fossés de la porte d'Ulm. Le maréchal Lannes fait occuper les hauteurs qui dominent la plaine, par ses tirailleurs qui attaquent et enlèvent les postes avancés ; au même moment le prince Murat attaquait tous les partis de cavalerie qu'il rencontrait.

Le 15, arrivée de Napoléon devant Ulm : on le voit au centre parcourant les rangs de l'armée ; derrière sont les maréchaux Ney et Lannes ; des deux côtés de ce groupe, des soldats élèvent leurs chapeaux en signe de joie.

Attaque et prise de Micheslberg ; des mourans et des blessés placés sur le premier plan, indiquent que l'attaque a été meurtrière.

Le 16, combat de Languenau. Le maréchal Murat y prit à l'ennemi deux drapeaux et environ trois mille prisonniers. Dans ce combat l'aide-de-camp du général Klein, Brunet, fit preuve du plus grand courage.

Le même jour, le maréchal Murat attaqua le corps de Werneck à Neresheim, et lui prit dans ce nouveau combat, deux drapeaux, un officier-général et mille à onze cents hommes.

Le même jour, combat de Haug et de Wasserbourg livrés par les corps des maréchaux Soult et Marmont. Prise d'un parc d'artillerie et de quatre cents prisonniers.

Le 17, capitulation de la ville d'Ulm ; on voit sur la place d'armes, le général en chef Mack et son état-major déposer leurs armes entre les mains de Napoléon. La garnison forte de trente-six mille hommes, dont deux mille de cavalerie, fut faite prisonnière, ainsi que seize généraux. On trouva dans la place soixante pièces de canon et quarante drapeaux.

Le même jour, les officiers supérieurs remettent à Murat leurs épées; on voit aussi des cavaliers autrichiens livrer aux dragons leurs armes et leurs chevaux.

Le 18, combat de Nordlingen et de Popfingen. Cinq cents chariots tombèrent en notre pouvoir, ainsi que le général Werneck qui fut fait prisonnier avec deux mille hommes de cavalerie.

Le 20, le maréchal Mack et dix-huit généraux, déposent leurs épées en présence de Napoléon.

Le 21, le maréchal Murat engagea un combat sur la route de Furth à Nuremberg; il prit à l'ennemi cinquante pièces de canon et quinze cents chariots, et environ seize cents hommes.

Le même jour, quinze cents officiers, quarante mille hommes sortent d'Ulm, déposent leurs armes et se rendent en France.

Ulm. La victoire inscrite sur un bouclier, représente l'histoire de cette campagne; de chaque côté, un trophée militaire est composé des dépouilles des vaincus.

Le 24, on a choisi le moment où Napoléon fait son entrée à Munich; des soldats bavarois traînent des pièces de canon, et les habitans montrent leur enthousiasme, par leurs acclamations.

Le 26, passage de l'Iser, par le corps du maréchal Bernadotte.

Le 27, passage de l'Inn à Wasserbourg et à Rosenheim, par le corps du maréchal Bernadotte, qui fit cinquante prisonniers.

Le même jour, on voit des soldats traverser le fleuve en bateaux; d'autres sur un pont où des ouvriers travaillent encore malgré le feu de l'ennemi, sans que rien ne retienne leur impétuosité.

Le 28, passage de l'Inn, à Mühldorf, par les corps des maréchaux Murat et Davoust. Le 1er régiment des chasseurs à cheval exécuta une belle charge sur l'ennemi, auquel il tua une vingtaine d'hommes, et fit cinquante prisonniers, parmi lesquels se trouva un capitaine de hussards.

Ledit jour, entrée du maréchal Ney à Landsberg.

Le 29, entrée de Napoléon à Braunau. On le voit au milieu d'un groupe composé des généraux Lauriston et Lannes; des soldats sont occupés à transporter des bois ou à élever des palissades.

Le 30, entrée à Salzbourg du maréchal Bernadotte; cinquante hommes y furent faits prisonniers.

Le même jour, le maréchal Lannes fit son entrée dans la ville et citadelle de Braunau. Soixante chasseurs à cheval du 13e régiment traversent l'Inn sur deux barques, et se présentent audacieusement devant l'ennemi. On trouva dans la place quarante-cinq pièces de canon avec un double affût de rechange, un grand nombre de mortiers et obusiers approvisionnés pour quarante mille coups, cent milliers de poudre, une grande quantité de cartouches, mille fusils, quarante mille rations prêtes à être distribuées, et plus de mille sacs de farine.

Le même jour, le maréchal Murat attaqua l'ennemi à Merobach, et lui fit cinq cents prisonniers. Le 8e régiment de dragons de la division Beaumont, et le 1er régiment de chasseurs à cheval, commandé par l'intrépide Montbrun, se couvrirent de gloire dans ce combat.

Le 31, combat de Lambach; le maréchal Murat, qui y commandait, prit à l'ennemi plusieurs pièces de canon, et cinq cents hommes, dont cent Russes.

Le 1er novembre, passage de la Traun à Lambach, un groupe de dragons s'embarque. Un officier seul dans une nacelle, indique le chemin et se trouve déjà à l'autre bord.

Le 2, prise de Wesle et de Lintz, par les généraux Walther et Milhaud.

Le même jour, prise du fort Passling par les troupes du général de division Kellermann. Cinq cents hommes dont trois officiers y furent faits prisonniers.

Le 3, prise de la ville d'Esberg et passage de la Traun; le colonel Walther, du 30ᵉ régiment d'infanterie de ligne, passa la rivière le premier; dans cette action, le général Bisson fut blessé dangereusement au bras.

Le même jour, passage de la rivière d'Ens et prise de la ville de ce nom par le général Milhaud, qui fit à l'ennemi deux cents prisonniers.

Le même jour, passage de Lintz par les corps des maréchaux Lannes et Murat. On voit un groupe de troupes traversant le pont. Le maréchal Lannes est en tête de l'artillerie, infanterie et cavalerie.

Le 4, prise de la ville de Steyer par le maréchal Davoust, qui enleva à l'ennemi quelques centaines de prisonniers.

Le 5, combat de Lovers; les Bavarois prirent deux pièces de canon et six cents Autrichiens.

Le même jour, entrevue de Napoléon et de l'Electeur de Bavière, près Lintz. On représente la scène telle qu'elle s'est passée. L'Electeur et son fils s'inclinent devant lui. Près de Napoléon est son cheval de bataille, et à côté son mameluck et plusieurs généraux qui l'accompagnaient.

Les 4 et 5, le 6ᵉ corps commandé par le maréchal Ney, s'empare du Tyrol; le combat en avant d'Inspruck. On a représenté cette action des soldats français qui, au milieu des rochers, sont aux prises; d'un côté, au revers de la montagne, on aperçoit un fort que l'infanterie française enleva à la baïonnette.

Le 6, le maréchal Murat attaqua les Austro-Russes à Amstetten; ils perdirent dans ce combat quatre cents hommes tués et trois cents prisonniers. Les 9ᵉ et 10ᵉ hussards, chargés de poursuivre l'ennemi, lui prirent encore quinze cents hommes.

Le 7, prise du fort de Scharnitz, par le maréchal Ney. Un drapeau, seize pièces de canon attelées et dix-huit cents hommes prisonniers furent le résultat de cette affaire.

L'artiste a choisi le moment où le maréchal Ney reçoit les officiers autrichiens. Après lui avoir fait remettre les magasins que l'on voit dans le fond, ils lui présentent les soldats que des blessures graves avaient empêchés de suivre.

Le même jour, le maréchal Ney fit son entrée à Inspruck où il trouva un arsenal rempli d'artillerie, seize mille fusils et un grand approvisionnement de poudre. On remarque le 76e régiment de ligne retrouvant, dans l'arsenal de cette ville, deux drapeaux qu'il avait perdus dans le pays des Grisons.

Le moment représenté est celui où les soldats viennent d'être reconduits dans l'arsenal, décrochant leurs drapeaux; leur attitude exprime parfaitement les sentimens qu'ils éprouvent.

Le 8, le général Marmont attaqua à Weyer, le régiment autrichien de Giulay, auquel il fit quatre cents prisonniers.

Le même jour, combat de Marienzell: le général Heudelet, qui commandait l'avant-garde du maréchal Davoust, attaqua la colonne du général autrichien Meerveldt, et lui prit trois drapeaux, seize pièces de canon et quatre mille prisonniers.

Le même jour, entrée de Napoléon dans l'abbaye de Molk.

Le 9, entrée du maréchal Murat à Saint-Polten. Dans le bas-relief où cette circonstance de la campagne est représentée, on voit des soldats ennemis qui se portent vers une porte de la ville, poursuivis par la cavalerie française.

Le 11, combat de Diernstein, commandé par le maréchal Mortier, où quatre mille six cents Français se sont battus contre trente mille Russes qui occupaient une position inexpugnable; la perte de l'ennemi fut de six mille hommes tués, neuf cents prisonniers, dix drapeaux, six pièces de canon et une grande quantité de fusils qui tombèrent en notre pouvoir.

Ce bas-relief représente une série d'actions glorieuses. On voit des soldats français combattant avec des Russes ; vers le milieu, on aperçoit le colonel Wathier qui vient de recevoir une blessure qu'on croyait mortelle. Il était déjà au pouvoir de deux grenadiers russes, lorsque deux Français viennent à son secours et l'arrachent de leurs mains. La lune qu'on aperçoit indique que c'est de nuit que se passe cette scène éclairée par l'incendie du village de Loiben.

Le 13, entrée des Français à Vienne. Les principaux magistrats viennent présenter les clefs à Napoléon ; on reconnaît par la ressemblance parfaite le maréchal Murat en uniforme polonais.

Le même jour, le maréchal Murat entre à Vienne. toujours revêtu du costume polonais, et tenant à sa main le bâton de maréchal de France.

Le même jour, le général Milhaud poursuivant l'ennemi sur la route de Brunn à Wolkersdorff, fit six cents prisonniers et s'empara d'un parc de quarante pièces de canon attelées.

Le même jour, les maréchaux Murat, Lannes et Bertrand, traversent sans s'arrêter le faubourg de Léopold, et marchent droit au pont de Spitz ; le maréchal Lannes arrête le bras d'un officier qui allait mettre le feu à une pièce de canon qui y était placée.

Le même jour, Napoléon, à Schoenbrunn, harangue son armée.

Le 14, Napoléon, descendu de cheval, reçoit des autorités les clefs de Vienne.

Le même jour, capitulation de la ville et forteresse de Kuffstein.

Le même jour, prise de Stokerau par le maréchal Lannes qui y trouva d'immenses magasins.

Le 15, entrée du maréchal Murat à Hollabrunn, où l'ennemi abandonna cent voitures d'équipages toutes chargées.

Le même jour, Napoléon remet aux maires de Paris les drapeaux pris à l'ennemi.

Le 16, entrée des Français à Presbourg.

Le même jour, combat de Guntersdoff, livré par le maréchal Murat; les Russes y perdirent douze pièces de canon, plus de cent voitures de bagages et un grand nombre de tués et deux mille hommes faits prisonniers. Le général Oudinot et ses deux aides-de-camp Demangeot et Lamotte y furent blessés.

Le même jour, combat de Waldermunck; trois mille Autrichiens perdirent une position qu'ils fortifiaient, et l'abandonnèrent aux dragons à pied commandés par le général Baraguey-d'Hilliers, qui poursuivit l'ennemi jusqu'à Pilsen où il s'empara de plusieurs magasins.

Le même jour, le maréchal Ney s'empara de Klausen et Brixen où l'ennemi abandonna un grand nombre de malades et de blessés.

Dans le même jour, le maréchal Augereau, qui avait forcé les Autrichiens d'abandonner Lindau et Bregentz, marcha sur Feldirch où le général Jellachiez, qui se trouvait cerné, abandonna par capitulation huit drapeaux, une artillerie nombreuse et des magasins considérables.

Le 17, prise de Znaïm où l'armée française trouva des magasins considérables.

Le même jour, le général Sébastiani atteignit l'arrière-garde russe à la hauteur de Pohalitz; l'ayant culbutée, il lui fit deux mille prisonniers.

Le 18, combat de Brunn commandé par le maréchal Murat; prise de soixante pièces de canon et de quatre cents milliers de poudre.

Le même jour, entrée du maréchal Bernadotte à Iglau.

Le 20, combat à la jonction des routes de Brunn et d'Olmutz; deux cents hommes restèrent sur le champ de bataille, et cent chevaux tombèrent en notre pouvoir. Le maréchal Bessières à la tête de quatre escadrons de la garde, la division du général Walther et celle des cuirassiers du général d'Hautpoul se couvrirent de gloire.

Le même jour, Napoléon reçoit à Brunn les députés de la Moravie. Cette scène se compose d'un groupe d'officiers.

Cette scène est bien indiquée dans une partie du bas-relief. Des dragons français arrivent à toute course devant les palissades d'Olmutz, et l'empereur d'Autriche prend la fuite dans sa voiture, sans que ses valets aient à peine le temps d'atteler les chevaux.

Le 28, entrée du maréchal Davoust à Presbourg; le comte de Palfy capitule en lui annonçant les dispositions amicales des habitans.

Le 29, Napoléon fait prendre position à l'armée et fortifie le Santon.

Le même jour, Napoléon congédie un parlementaire russe.

Le 1er décembre, Napoléon, visitant ses avant-postes dans la nuit; il est enveloppé d'un manteau; arrivé près d'un bivouac, il s'entretient avec les soldats qui l'entourent. La plupart tiennent des torches allumées.

On remarque, sur un des bas-reliefs, Napoléon avec le prince Dolgorouski. La plaque suivante représente Napoléon visitant les bivouacs de son armée; un grenadier se présente à lui. En suivant, on le voit environné des maréchaux de France, désignant à chacun d'eux la position qu'il doit prendre pour la mémorable bataille d'Austerlitz.

Le 2, Napoléon donne ses ordres le matin de la bataille d'Austerlitz. Le bas-relief qui consacre cette scène mémorable où l'on voit Napoléon à cheval entouré des maréchaux et des généraux qui avaient un commandement. Le feu du bivouac est encore allumé, et des sentinelles sont couchées près de l'endroit où lui-même venait de prendre son repos.

Le même jour, bataille d'Austerlitz commandée par Napoléon en personne. L'armée austro-russe perdit dans cette journée cent cinquante pièces de canon, quarante drapeaux, dix-huit mille hommes tués ou noyés, sept mille blessés, et trente mille prisonniers, parmi lesquels se trouvèrent quinze généraux et quatre à cinq cents officiers. On y prit tous les étendards de la garde impériale russe.

Les maréchaux Soult, Bernadotte, Lannes, Davoust, Murat, Berthier, Bessières, partagèrent les honneurs de cette journée avec les généraux Drouet, Friant, Sorbier, Gudin, Suchet, Vandamme, Legrand, Caffarelli, Saint-Hilaire, Oudinot, Kellermann, Rivaud, Savary, Sébastiani, Compans, Walther, Valhubert, de Wrede, Claparède, Morand, Thiébault, Varé, Heudelet, Margaron, Schinner, Levasseur, Lochet, Kister et Rapp qui fit le prince Repnin prisonnier.

Le même jour, les généraux Vandamme et Saint-Hilaire, suivis de quelques bataillons, chargent une ligne de grenadiers russes et les mettent en fuite. Des généraux et des soldats russes faits prisonniers sont menés à Napoléon. Le même jour, une partie de l'armée russe est engloutie sous les flots.

Un épisode de cette bataille où le général Rapp enfonce son sabre dans le corps d'un soldat ennemi, au moment il lui fait une blessure. L'autre scène, on voit des soldats russes enfoncés sous les flots, luttant contre la mort.

Parmi les blessés, se trouvaient les généraux de division Kellermann, Walther et Saint-Hilaire.

Le 4, entrevue des deux empereurs à Suruschitz, un manteau jeté sur un arbre, fait un abri où elle se passe. Près de là est un bivouac où sont groupés plusieurs officiers français; les officiers de la suite de l'empereur d'Autriche sont placés derrière lui; il s'entretient avec Napoléon.

Suspension d'armes. On a cherché à caractériser cette partie de la campagne, en groupant des soldats de toutes armes fraternisant entre eux et portant des toasts à celui qui les avait conduits si rapidement à la victoire.

Les canons et les armures de l'arsenal de Vienne

sont conduits en France. On voit des soldats occupés à les charger sur des voitures. La porte par laquelle passent ces militaires caractérise la capitale de l'Autriche.

Le même jour, Venise rendu à l'Italie. On exprime ici les conditions du traité, un commissaire de chaque nation, en partageant deux pièces de canon placées devant la ville. Les autorités autrichiennes s'éloignent dans une gondole, et les soldats de la garnison s'embarquent aussi.

Le lieu de la scène est très-bien caractérisé par le lion de saint Marc qui orne la place de Venise.

Rentrée de la garde en France, tous revoyant avec allégresse la patrie qu'ils ont honorée de leurs triomphes. Des tentes et des arcs de triomphe sont élevés sur leur passage.

Sur le tailloir du chapiteau de la Colonne, on a pratiqué, comme à la Colonne Antonine, une galerie à laquelle on parvient par un escalier de cent soixante-seize marches qui ont sept pouces et demi de hauteur sur vingt de largeur; cet escalier est pratiqué dans l'intérieur de la Colonne. Là, se trouve la lanterne, dont la hauteur est de quinze pieds; elle est entourée d'une balustrade de trois pieds et demi de hauteur, supportée par vingt-quatre pilastres portant douze pieds sur chacune des quatre faces. Le pourtour de cette lanterne a vingt-sept pieds. La porte qui donne sur le balcon fait face à la Chancellerie; vient ensuite un petit dôme ou calotte de six pieds de hauteur, fondu d'un seul jet, où devait d'abord être placée la statue de Charlemagne, mais où fut posée celle de Napoléon, haute de dix pieds, et pesant cinq mille cent douze livres. Cette statue en fut descendue au mois de mai 1814.

La nouvelle statue de Napoléon, qui fait un grand honneur au talent de M. Seurre, dont elle est l'ouvrage, a été coulée le 1ᵉʳ juin 1833 à la fonderie du faubourg du Roule, par M. Crozatier. Le bronze employé à sa construction provient des canons conquis pendant les guerres de l'empire. La statue a douze pieds de haut, et pèse 6,000. Le général Bertrand a bien voulu contribuer à la perfection de ce monument, en confiant à l'artiste la garde-robe de l'Empereur. De sorte que l'on peut contempler le petit chapeau à trois cornes, le frac militaire, les épaulettes, la petite redingote grise, les bottes à l'écuyère, les éperons d'or, et même la lorgnette qu'il portait le jour de la bataille d'Austerlitz. L'artiste a même pu copier l'épée attachée au flanc de Napoléon dans cette journée mémorable ; et si jamais cette épée invincible se perd, on la retrouvera là en bronze au sommet de la colonne. Enfin nous dirons que M. Seurre s'est tellement attaché à reproduire avec la plus grande exactitude les traits du grand homme, qu'il a voulu qu'on pût dire : *Oh ! c'est bien lui !* Aux pieds de la statue sont placés une bombe et trois boulets.

La construction de cette Colonne, qui a coûté 1 million 500 mille fr., fut dirigée par M. Denon pour la sculpture, et par MM. Lepère et Gondouin, architectes ; les bas-reliefs ont été dessinés par M. Bergeret, qui a su donner une parfaite ressemblance à tous les personnages qui avaient un rang distingué dans l'armée.

Le poids total du bronze employé à cet édifice, est d'un million huit cent mille kilog., provenant de douze cents pièces de canon conquises sur les Russes et les Autrichiens, dans une campagne de moins de trois mois sur le champ de bataille.

Cette Colonne fut élevée à la gloire des armées françaises dont elle atteste la valeur.

Napoléon a été vainqueur dans 94 batailles ou combats. Les Autrichiens ont été battus 233 fois ; les Espagnols 112 fois ; les Russes 54 fois ; les Prussiens 42 fois ; les Anglais 32 fois ; les Troupes alliées 48 fois.

PARIS. — IMPRIMERIE LE NORMANT, RUE DE SEINE, N° 8.